Traumhafte
Strände aus
aller Welt

Ein
bisschen
Meer
geht
immer

Nimm dir Zeit
für *Meer!*

Das Glück wohnt am Wasser

Der nächste Urlaub am Meer lässt mal
wieder viiiel zu lange auf sich warten?
Dann hol dir das Meer doch nach Hause!
Auf den nächsten Seiten erwarten dich
einige der schönsten Strände der Welt …
Entfliehe für eine Weile dem
grauen Alltag, springe gedanklich
ins kristallklare, türkisblaue Wasser
und lass dich einfach mal treiben!

Solange man träumt,

kann man nicht alt werden.
Was wäre das Herz eines
Menschen ohne Träume?

LUCY MAUD MONTGOMERY

Es ist mal wieder
höchste Zeit für Strand,
Wellenrauschen
und Lebensfreude!

Palawan, Philippinen

Das Wasser ist das schönste Ding der Welt.

THALES VON MILET

Überall ist Wunderland.

JOACHIM RINGELNATZ

Zakynthos, Griechenland

Eine große Portion
Urlaub, bitte!

Boulders Beach, Südafrika

Das Leben ist
eine Reise,
nicht ein Ziel.

RALPH WALDO
EMERSON

Pinguine, soweit das Auge reicht

Ungefähr eine Stunde von Kapstadt entfernt, nahe des Kaps der Guten Hoffnung, befindet sich eine ganz besondere, tierisch-schöne Attraktion: Eine Kolonie Brillenpinguine hat es sich dort gemütlich gemacht und unzählige Pinguine watscheln durch den feinen weißen Sand von Boulders Beach. Ungefähr 3.000 Tiere leben hier. Über mehrere Stege können Besucherinnen und Besucher den Pinguinen so nahe kommen wie wohl nirgendwo sonst auf der Welt und mit etwas Abstand das lustige Treiben der niedlichen Vögel bestaunen. An einem benachbarten Strandabschnitt ist auch das Schwimmen erlaubt. Immer wieder kommt es dort vor, dass man beim Baden im Meer plötzlich Besuch von einem gefiederten Freund bekommt. Ein unvergessliches Erlebnis!

*Glücklich ist einer,
der am Meeresufer sitzt und
Schäfchenwolken
zählt.*

ADALBERT LUDWIG BALLING

Marsa Alam, Ägypten

Auf der Erde
gibt es keinen
Himmel, aber es
gibt Teile davon.

JULES RENARD

Manche Orte

bringen die Augen zum Strahlen,
und zaubern ein Lächeln
auf die Lippen,
sie machen das Herz glücklich
und tun der Seele gut.

Cathedral Cove, Neuseeland

Dass die Welt ein *Geheimnis* ist, macht sie noch schöner.

FJODOR DOSTOJEWSKI

Am Strand ist das Leben einfach

ein bisschen *ruhiger*,

ein bisschen *freier*,

ein bisschen *schöner*.

Ölüdeniz Plajı, Türkei

Jeder Sommer
hat seine
Geschichte.

Kalifornien, USA

Jeder
schöne Tag
hinterlässt
einen Abdruck
im Herzen.

Weit draußen im Meer
ist das Wasser so blau
wie die Blätter der schönsten Kornblumen
und so klar wie das schönste Glas,
aber es ist sehr tief,
tiefer als irgendein Ankertau reicht.

HANS CHRISTIAN ANDERSEN

Das Glück wohnt nicht
im Besitz und nicht im Gold,
das Glücksgefühl ist

in der Seele zu Hause.

DEMOKRIT

Isla Holbox, Mexiko

Am Strand zu sitzen ist eins der
schönsten Gefühle der Welt.

Tausche Arbeitsplatz gegen *Hängematte* am Meer.

La Passe, Seychellen

Für mich
darf es gerne
etwas Meer
sein.

Die Erde ist angefüllt

mit Himmel.

ELIZABETH BARRETT BROWNING

Sky above,
sand below,
peace within.

Herz an Herz

Nicht aus Sand, sondern aus Milliarden winziger
Herzmuschelschalen besteht der Shell Beach
im Westen Australiens. Der abgelegene Strand ist
natürlich ein wahres Paradies für alle Muschelsammler.
Über Jahrtausende hinweg wurde hier eine
ungewöhnlich hohe Anzahl von Muschelschalen
angeschwemmt, die mittlerweile eine mehrere
Meter tiefe Schicht bilden. Bei einem Besuch an
diesem traumhaften Strand sollte man allerdings
auf keinen Fall die Flip Flops vergessen –
die Muscheln piksen nämlich an den Füßen.
Doch dann steht einem Spaziergang über den
weißen Muschelstrand nichts mehr im Weg!

Shell Beach, Australien

Es gibt Orte,
die passen einfach
perfekt ins Herz.

Schöne Augenblicke
schenken schöne
Aussichten.

FRIEDERIKE WEICHSELBAUMER

Boracay, Philippinen

Versuche stets, ein **Stückchen Himmel** über deinem Leben freizuhalten.

MARCEL PROUST

Tunnels Beach, Kauai, Hawaii

Das Leben ist schöner mit etwas Sand zwischen den Zehen.

Wer seine Träume kennt,
kennt seine
Sehnsüchte.

JOHANNA RÜCKERT

Lass uns wagemutig und
abenteuerlustig sein
und uns auf das freuen,
was uns das Leben beschert.

LUCY MAUD MONTGOMERY

Bahía de Samaná, Dominikanische Republik

Fang den Wind
in deinen Segeln,
erforsche, träume,
entdecke.

MARK TWAIN

Das beste Mittel
gegen schlechte Laune?
Eine Reise
ans Meer buchen!

Das Meer ist
meine Tankstelle
für die Seele.

Wenn du
Märchenaugen hast, ist
die Welt voller Wunder.

VICTOR BLÜTHGEN

Der Sommer
macht den Menschen
zum Träumer.

PAUL KELLER

Rai Leh, Thailand

Pause.

Pantai Merah, Indonesien

Man sollte
für die Freude,
die Schönheit, die
Farbe des Lebens
erglühen.

OSCAR WILDE

Rosarote Aussichten

Die kleine Insel Komodo ist vor allem für ihre heimische
Rieseneidechse, den berühmten Komodowaran bekannt.
Doch das ist noch nicht alles, die indonesische Insel
hat noch ein weiteres Naturwunder zu bieten.
Am Strand Pantai Merah, der besser als Pink Beach
bekannt ist, treffen endloser blauer Himmel und
türkisfarbenes Wasser auf rosafarbenen Sand.
Die Farbe des Sandes entsteht durch Mikroorganismen,
die das rote Pigment der Korallenriffe produzieren.
Vermischt mit dem weißen Sand entsteht die
wunderschöne rosarote Tönung des Strandes,
die Besucher aus aller Welt magisch anzieht.
Ein Strand wie aus dem Märchen!

Sommertage
duften
immer ein bisschen
nach Glück.

Die Welt ist voll von magischen Dingen,

die geduldig darauf warten,
dass unsere Sinne schärfer werden.

WILLIAM BUTLER YEATS

Das Geheimnis des Glücks ist die Freiheit.

PERIKLES

Das Meer
ist nicht die Antwort,
aber man vergisst
dort jede Frage.

Die Welt ist schön,

weil man immer wieder Neues entdeckt,
worüber man sich freuen darf.

ADALBERT LUDWIG BALLING

Salt in the air,
sand in my hair.

Um einen gewissen
Weitblick zu haben,
braucht es
einfach Meer.

IRMGARD ERATH

Bei akutem
Glücksmangel: einfach
ans Meer fahren.

Tschüss, Stadtgrau.
Hallo,
Lagunenblau!

Malediven

Ich brauche kein
Märchenschloss.
Mir reicht eine
Strandliege
mit Meerblick.

Das Meer kann zaubern.

Kaum bin ich da,
sind meine Sorgen
einfach weg!

Sansibar

Glück ist
die Summe
schöner
Momente.

Schottische Südseeträume

Weiße Sandstrände und azurblaues Wasser ... Was auf den ersten Blick aussieht wie die Südsee, ist tatsächlich Schottland. Und auch wenn die Temperaturen meistens nicht gerade tropisch sind, herrscht hier echtes Südsee-Flair. Einige der schönsten Sandstrände des europäischen Kontinentes befinden sich nämlich im hohen Norden, an der Küste und auf Schottlands Inseln – zum Beispiel der traumhafte Strand von Luskentyre auf den Äußeren Hebriden. Hier kann man beim Spazierengehen auch wilde Pferde in den Dünen antreffen oder Delfine und Seehunde beim Schwimmen in der Bucht beobachten. Besonders schön: Weil die Strände so abgelegen sind, hat man sie häufig ganz für sich allein.

Isle of Harris, Schottland

Wie anziehend, wie fesselnd sind doch Meer und Strand!
Wie verliert man sich in ihrer Einfachheit, ja, in ihrer Leere.

WALT WHITMAN

Der Ozean
ist alles, was ich sein will.
Wunderschön, geheimnisvoll,
wild und frei.

Fort Myers Beach, Florida

Letztlich ist Freiheit etwas, was aus der Seele kommt.

LUCY MAUD MONTGOMERY

Ein Sonnenstrahl

kann einen
anderen Menschen
aus mir machen.

HUGO VON HOFMANNSTHAL

Heute sammle ich
so viele *Sonnenstrahlen*
wie möglich!

Ich war noch nicht überall.
Aber es steht auf
meiner Liste.

SUSAN SONTAG

Praia do Camilo, Portugal

An diesem
Strand fehlt
nur eins:
Ich.

Welch eine himmlische Empfindung
ist es, seinem

Herzen zu folgen.

JOHANN WOLFGANG VON GOETHE

Träume
dir dein Leben
schön und mach
aus diesen Träumen
eine Realität.

MARIE CURIE

*Ich liebe
das Meer wie
meine Seele.*

HEINRICH HEINE

Steig ein,
wir fahren ans
Meer!

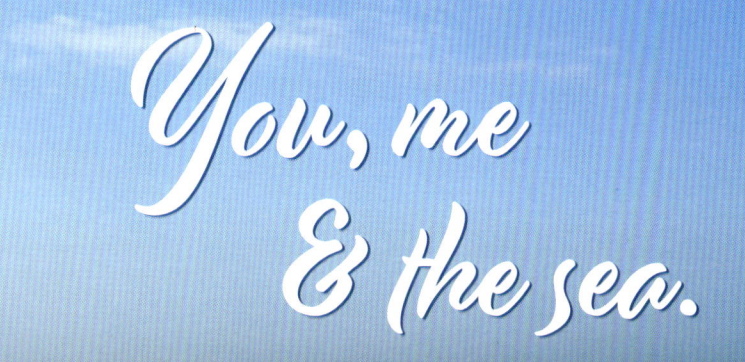

You, me
& the sea.

Playa del Amor, Mexiko

Kleinen Wundern nachspüren, heißt, die Schönheit
der Welt entdecken.

ANGELIKA EMMERT

Verstecktes Paradies

Wir alle wissen wohl, dass die schönsten Dinge im Leben
meistens nur mit etwas Mühe zu erreichen sind. So auch der
Playa del Amor in Mexiko, der wohl einer der einzigartigsten Strände
der Welt ist und seit 2008 sogar UNESCO-Weltkulturerbe.
Ein abenteuerlicher Weg führt zum „verborgenen Strand", denn
er liegt am Ende eines Tunnels auf einer der unbewohnten
Marietas-Inseln vor der Küste Mexikos. Diesen Tunnel muss man –
je nach Wasserstand – schwimmend oder im Kajak durchqueren,
um an den Strand zu gelangen. Die Höhle selbst ist vor
über 100 Jahren durch Bomben-Experimente der mexikanischen
Regierung entstanden. Das tut der Schönheit des Strands
aber keinen Abbruch, weshalb der romantisch-versteckte
Strand auch als „Strand der Liebe" bekannt ist.

Das Wichtigste ist,

dein Leben zu genießen –
glücklich zu sein –
das ist alles, was zählt.

AUDREY HEPBURN

Wenn das Leben
eine Reise ist,
ist das Meer
mein Ziel.

Draußen fühlt man sich

groß und frei

wie die große Natur,

die man vor Augen hat.

JOHANN WOLFGANG VON GOETHE

Glücklich ist einer,

der sich bei Sonnenuntergang
über die aufgehenden Sterne
freut.

ADALBERT LUDWIG BALLING

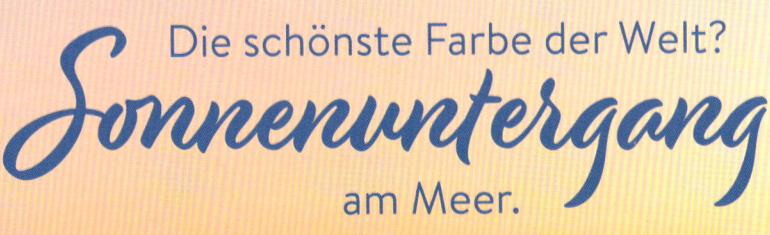

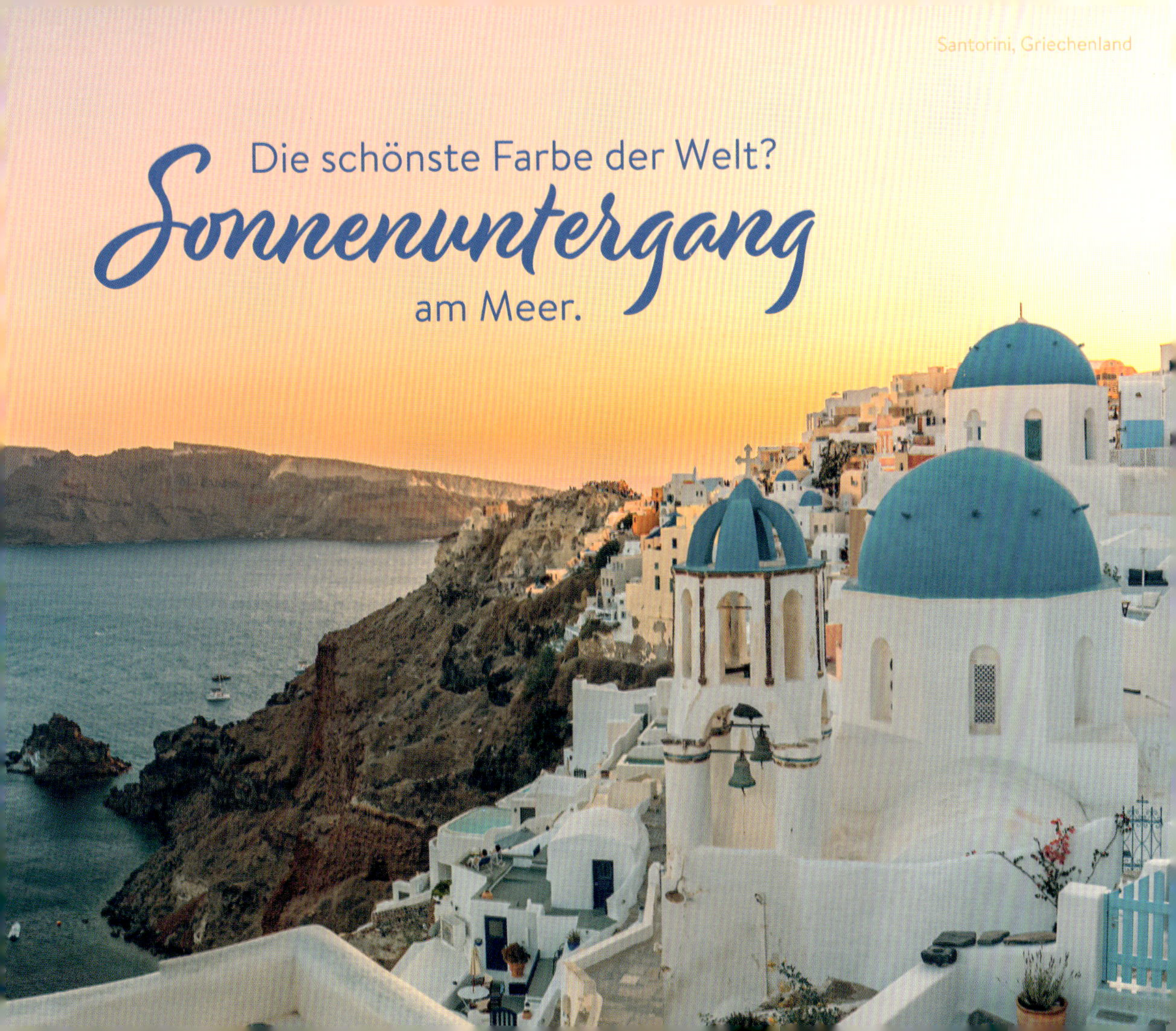
Die schönste Farbe der Welt?
Sonnenuntergang
am Meer.

Santorini, Griechenland

Zahme Vögel
träumen von Freiheit.

Wilde Vögel
fliegen.

Bewahre dir deine Träume. Die Vernünftigen
träumen nicht so schön wie **die Verrückten.**

CHARLES BAUDELAIRE

Ich wünsche

mir keine andere Erde,
keine andere Welt
als diese hier.

FLORENCE NIGHTINGALE

Bali, Indonesien

Mein Lieblingssong ist
Meeresrauschen.

Das Herz des Menschen
ist sehr ähnlich wie das Meer,
es hat seine Stürme,
es hat seine Gezeiten und
in seinen Tiefen hat es auch
seine Perlen.

VINCENT VAN GOGH

Camps Bay, Südafrika

Ein kleines
bisschen Meer
tut ganz schön
viel für die
Seele.

Meerweh

Italienisches Naturwunder

In Italien gibt es unzählige traumhafte Strände, an denen man
die Seele baumeln und la dolce vita, das süße Leben, genießen
kann. Wenn man es aber gerne außergewöhnlich mag,
sollte man unbedingt den Strand an der Scala dei Turchi in
Sizilien besuchen, der etwa eine Autostunde von Palermo
entfernt liegt. Riesige, strahlend weiße Klippen stürzen hier
stufenartig ins türkisblaue Wasser des Mittelmeers. Am Fuß
der Klippen befindet sich ein goldgelber Strand, der zum
Schwimmen und Sonnenbaden einlädt. In früheren Zeiten
sollen die Klippen allerdings Versteck und Anlegeplatz
für Piraten gewesen sein. Zwischen den weißen Klippen
und dem blauen Meer hat man heute allerdings eher
das Gefühl, das Paradies gefunden zu haben.

Schwing dich

aus allem heraus,
was dich beengt!

BETTINA VON ARNIM

Krabi, Thailand

Nach dem Sternenhimmel ist das Größte und Schönste,
was Gott erschaffen hat, das Meer.

ADALBERT STIFTER

Im Herzen bin ich
Meerjungfrau.

Im Meer gibt es kein WLAN, aber eine viel bessere Verbindung.

Es ist mal wieder
Zeit für Sonne
auf der Haut und
Sand unter den Füßen.

Die schönsten
Erinnerungen
sammelt man
barfuß.

Die Stimme
des Meeres
spricht zur Seele.

KATE CHOPIN

Ich liebe es, aufs Meer zu schauen und meine Gedanken
auf den Wellen **tanzen zu lassen.**

Alle
guten Dinge
sind wild
und frei.

HENRY DAVID
THOREAU

Träume
kennen keine
Grenzen!

Manchmal ist alles,
was man braucht,
eine Pause am Meer.

Menorca, Spanien

Das
wahre Geheimnis
des Lebens liegt
im Suchen nach
der Schönheit.

OSCAR WILDE

Virgin Gorda, Jungferninseln

Sonnenschein, Salzwasser und Meeresluft sind die beste Medizin.

Abenteuerzeit

Im Süden der Insel Gorda, auf den Jungferninseln, befindet sich ein besonders traumhafter Strand, der auch „The Baths" genannt wird. Neben dem Baden im glasklaren Karibikwasser, hat „The Baths" aber noch mehr zu bieten! Riesige, graue Granitfelsen, die Pools und Grotten bilden, sorgen für eine einzigartige Kulisse am Traumstrand. Etwas versteckt liegt der Nachbarstrand am Devil's Bay, den man abenteuerlich durch das Klettern über Felsen und Holzleitern und durch schmale Felsspalten erreicht. Belohnt wird man dann aber mit einem weiteren Traumstrand, der meistens deutlich weniger gut besucht ist. Und aus Abenteuern entstehen schließlich die schönsten Erinnerungen!

Denk einfach
an etwas Schönes und
dein Herz
lässt dich fliegen.

JAMES MATTHEW BARRIE

Die schönste Zeit
im Jahr ist immer
die Zeit
am Meer.

Vietnam

Einfach mal abschalten
und sich
von den *Wellen*
treiben lassen.

Das Glück schmeckt salzig.

Glück strahlt
zurück wie
das Licht
des Himmels.

WASHINGTON IRVING

Das Schicksal
unterstützt
die Mutigen.

EMILY DICKINSON

Namibia

Die Magie des Meeres kennt
keine Grenzen.

Du schmeckst das
Salz in der Luft,
hörst das Rauschen
der Wellen.
Du bist frei!

SOPHIE KAMMERER

San Blas Inseln, Panama

Monde und Jahre vergehen, aber ein schöner Moment
leuchtet das Leben hindurch.

FRANZ GRILLPARZER

Helle Gedanken

und ein heiteres Gemüt
machen schöne Tage.

HENRY DAVID THOREAU

Plage de Palombaggia, Korsika

Ich wäre jetzt viel lieber da, wo meine Gedanken gerade sind.

Kugelrunde Wunderwerke

Die mysteriösen, kugelförmigen Felsen, die am Koekohe Beach
auf der Südinsel Neuseelands verteilt im Sand liegen,
erinnern ein wenig an Murmeln, die ein Riese verloren hat.
Manche sehen in ihnen auch riesige Dino- oder Dracheneier.
Die Felsen wiegen jeweils mehrere Tonnen, viele sind bis
zu zwei Meter groß. Bei Besuchern sind die rätselhaften
Rollsteine, die viele Millionen Jahre alt sind, vor allem
als perfektes Fotomotiv beliebt. Neben den Steinen lohnt
sich aber auch ein Blick aufs Meer, denn in den Wellen kann
man oft Hector-Delfine und Robben entdecken und auch eine
Kolonie Gelbaugenpinguine ist hier zu Hause. Dieser Strand am
anderen Ende der Welt steckt also wirklich voller Wunder!

Koekohe Beach, New Zealand

Always believe that
something *magical*
is about to happen.

Am Meer

und auf den Bergen
ist man dem Himmel
ein kleines Stück näher.

ERNST FERSTL

Leben ist das mit der Freiheit und dem Wellenrauschen
und den **großen Träumen.**

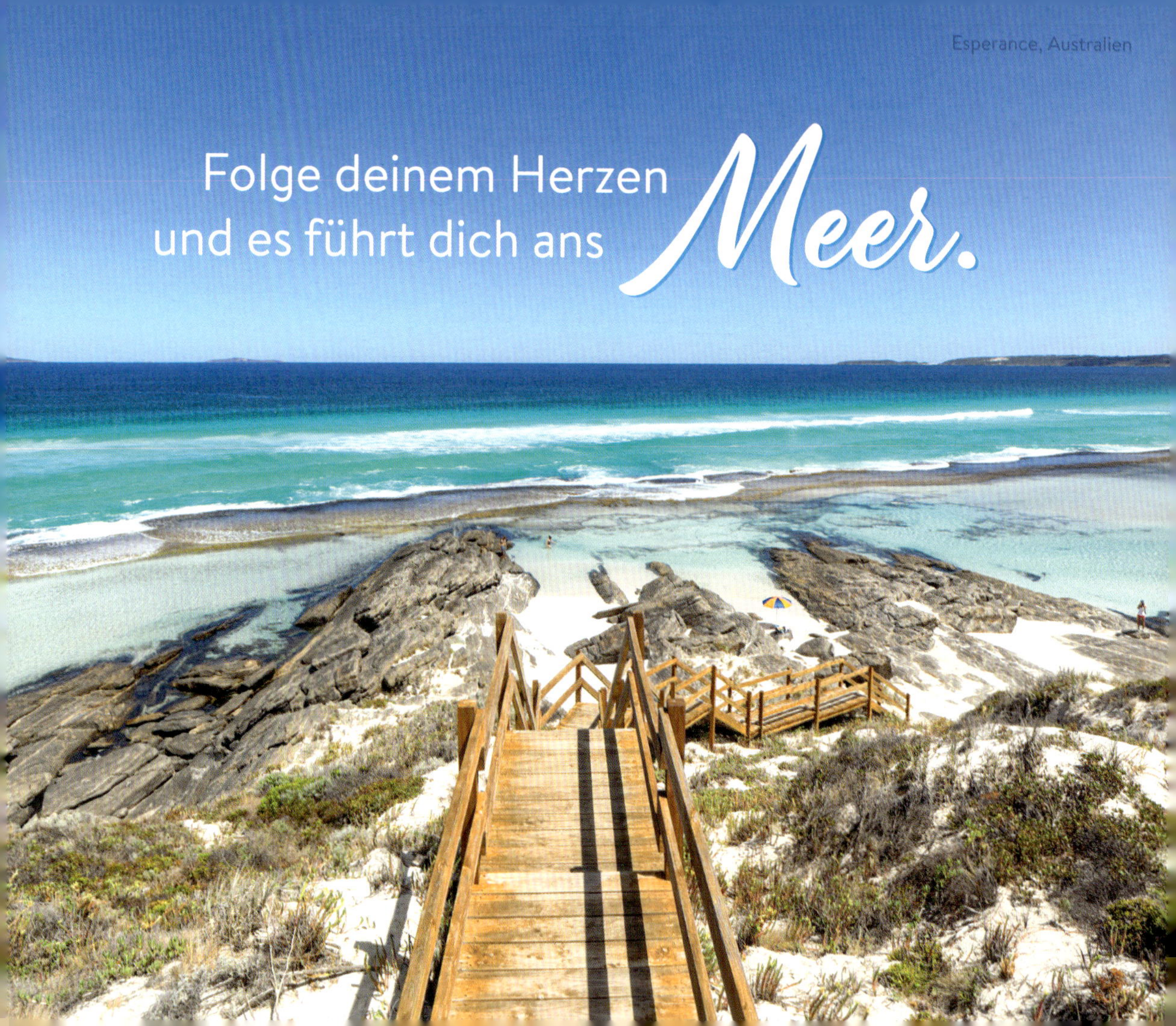
Esperance, Australien
Folge deinem Herzen
und es führt dich ans Meer.

Wenn du dorthin gehst, wohin
dein Herz dich ruft,
brauchst du niemanden
nach dem Weg zu fragen.

JOHANNA RÜCKERT

Andipaxos, Griechenland

Blicke in
die schöne Natur
und beruhige
dein Gemüt!

LUDWIG
VAN BEETHOVEN

Es ist doch erstaunlich, was
ein einziger Sonnenstrahl
mit der Seele des Menschen
machen kann.

FJODOR DOSTOJEWSKI

Es gibt Wichtigeres im Leben,
als beständig dessen
Geschwindigkeit zu erhöhen.

MAHATMA GANDHI

Malediven

Jeder kann was gut.
Ich kann zum Beispiel
sehr gut am Meer sitzen.

Wir können von
Reisen träumen
oder sie erleben.

OSCAR WILDE

Ich brauche dringend

Urlaub am Meer.

Für sechs Monate.
Zwei Mal im Jahr.

Der Strand hat angerufen und gefragt,
wo wir bleiben!

Praia das Catedrais, Spanien

Die ganze Welt
ist voller
Wunder.

MARTIN LUTHER

Strand der Kathedralen

Im Norden Spaniens ist die Küste kilometerweit
besonders wild, schön und ursprünglich. Im Laufe
der Jahrtausende haben Wind und Wasser
des Atlantiks am Praia das Catedrais majestätische
Buchten, Türme und Bögen aus Felsen geformt, die –
wie der galizische Name verrät, an Kathedralen erinnern.
Zwischen den dunklen Felsen, durch die man bei Ebbe
hindurchschreiten kann, glitzert der helle Sand.
Bei Flut steht der Strand hingegen fast vollständig
unter Wasser. Ein Besuch will also gut geplant sein.
Doch es lohnt sich, denn dieses maritime Wunder
der Natur ist wirklich traumhaft schön!

Wir können in
die Stille gehen und
uns von unseren

die Richtung
weisen lassen.

VIRGINIA WOOLF

Dreams
are made of
sand and sun.

Virgin Gorda, Britische Jungferninseln

Sag mir, was hast du
mit deinem einen
wilden und kostbaren
Leben vor?

MARY OLIVER

Mal nicht nur
funktionieren, sondern spüren:
**Den Wind, das Meer,
die Freiheit.**

Alles beginnt
mit einem
Traum!

Mauritius

Die Zukunft gehört jenen, die an die Schönheit ihrer Träume glauben.

ELEANOR ROOSEVELT

Das Glück
ist da, wo die Wellen
rauschen.

Hvar, Kroatien

Das Meer
ist nicht nur ein Ort,
sondern auch
ein Gefühl.

Florida, USA

Manchmal ist der Holzweg gar nicht so schlecht.
Wenn er an den Strand führt, zum Beispiel.

So groß
und einfach

die Welt am Strand,
nur Wind und Wolken,
nur Meer und Sand.

CARL PETER FRÖHLING

Perfekt
ist das Leben nie.
Aber am Strand
ist man schon
ziemlich nah dran.

Eine saugute Insel

Palmen, Sonnenschein, türkisblaues Wasser und ...
schwimmende Schweine? Ja, ganz richtig gelesen! Auf
den Bahamas ist tierisch was los! Die „Meer-Schweinchen"
leben auf der unbewohnten Insel Big Major Cay. Woher
sie stammen, weiß niemand so genau. Manche vermuten,
dass sie nach einem Schiffsunglück auf der Insel gestrandet
sein könnten. Andere denken, sie wurden dort von Piraten
zurückgelassen. Die putzigen Borstentiere am Pig Beach
sind eine echte Attraktion und planschen sogar gerne
mit menschlichen Besuchern – wenn sie nicht gerade
am weißen Puderzuckerstrand in der Sonne brutzeln oder
die Leckereien futtern, die ihnen die Touristen mitbringen.

Big Major Cay, Bahamas

Lebe in der Sonne, schwimme im Meer,
trinke die wilde Luft.

RALPH WALDO EMERSON

Je freier man atmet,
desto mehr lebt man.

THEODOR FONTANE

Seychellen

Kopf aus.
Meer an.

Mich spornte die vage Sehnsucht an,
von einem langweiligen Alltagsleben in eine
wunderbare Welt
versetzt zu werden.

ALEXANDER VON HUMBOLDT

Entschuldigung, ich muss los.
Der Strand ruft!

Wir von GROH wollen die Welt ein bisschen verschönern – mit liebevollen Geschenken, die glücklich machen.

GROH.DE

@die_geschenkverlage

Textnachweis: Wir danken allen Autoren bzw. deren Erben, die uns freundlicherweise die Erlaubnis zum Abdruck von Texten erteilt haben, sowie Herrn Ernst Ferstl, www.gedanken.at.

Bildnachweis: Cover: Levente Bodo/Getty Images
Grafische Elemente: Shutterstock.com; Curioso.Photography/stock.adobe.com.
Innenteil: Seite 2, 7, 10, 13, 27, 29, 30, 39, 40, 45, 47, 49, 53, 55, 61, 64, 67, 75, 77, 79, 83, 87, 89, 91, 92, 96, 103, 107, 119, 124, 134, 141: Shutterstock.com; S. 5: Marco Bottigelli/Getty Images; 9: evannovostro/stock.adobe.com; 15, Jiahua Huang/Getty Images; 17: Oleg Breslavtsev/Getty Images; 18: Denise Taylor/Getty Images; 21: Julie Bendlin/Getty Images; 22: Westend61/Getty Images; 25: Saowakhon Brown/Getty Images; 33: Netfalls/stock.adobe.com; 34: Nancy Pauwels/stock.adobe.com; 42: proslgn/stock.adobe.com; 51: Levente Bodo/Getty Images; 57: Vicki Jauron, Babylon and Beyond Photography/Getty Images; 59: icemanphotos/stock.adobe.com; 62: daliu/stock.adobe.com; 68: ferrantraite/Getty Images; 71: Pierre/stock.adobe.com; 72: icemanphotos/stock.adobe.com; 81: Juergen Wallstabe/stock.adobe.com; 85: Tuul & Bruno Morandi/Getty Images; 95: kite_rin/stock.adobe.com; 99: aceshot/stock.adobe.com; 101: Alena Ozerova/stock.adobe.com; 105: Peter Adams/Getty Images; 109: Eva Bocek/stock.adobe.com; 111: Moritz Wolf/Getty Images; 113: MNStudio/stock.adobe.com; 114: franco tollardo/Getty Images; 116: ugurhan/Getty Images; 120: icemanphotos/stock.adobe.com; 123: KAPhotography/stock.adobe.com; 127, 131: icemanphotos/stock.adobe.com; 128: Gary John Norman/Getty Images; 133: anilah/stock.adobe.com; 137: wundervisuals/Getty Images; 139: Nejron Photo/stock.adobe.com; 143: eyetronic/stock.adobe.com.

Cover: Barbara Fuchs
Externe Redaktion: Kristin Funk, tinte und gold
Layout: Doris Wohofsky
Satz: Editors Genie | Christine Rehmann, Feldafing
Gesamtherstellung: Printfactory, Istanbul

Aus Verantwortung für die Umwelt hat sich die Verlagsgruppe Droemer Knaur zu einer nachhaltigen Buchproduktion verpflichtet. Der bewusste Umgang mit unseren Ressourcen, der Schutz unseres Klimas und der Natur gehören zu unseren obersten Unternehmenszielen. Gemeinsam mit unseren Partnern und Lieferanten setzen wir uns für eine klimaneutrale Buchproduktion ein, die den Erwerb von Klimazertifikaten zur Kompensation des CO_2-Ausstoßes einschließt. Weitere Informationen finden Sie unter: www.klimaneutralerverlag.de

Ein bisschen Meer geht immer
GTIN 978-3-8485-0237-0
© 2024 Groh Verlag. Ein Imprint der Verlagsgruppe Droemer Knaur GmbH & Co. KG, München
www.geschenkverlage.de

MIX
Papier | Fördert
gute Waldnutzung
FSC® C130076